Mrs. Silva Walks to the Azores
A Story in Ten Cantos by Michael Bickford
Translated by Bruna Dantas Lobato

Finishing Line Press
Georgetown, Kentucky

A Sra. Silva caminha para os Açores
Uma História em Dez Cantos de Michael Bickford
Traduzido por Bruna Dantas Lobato

Finishing Line Press
Georgetown, Kentucky

Copyright © 2025 by Michael Bickford
ISBN 979-8-89990-005-1 First Edition
All rights reserved under International and Pan-American Copyright Conventions. No part of this book may be reproduced in any manner whatsoever without written permission from the publisher, except in the case of brief quotations embodied in critical articles and reviews.

ACKNOWLEDGMENTS

Heartfelt thanks to Ann Silva, and all the great people at the Arcata and Ferndale Portuguese Halls for their help and encouragement. Thank you to Jerryl Lynn Rubin for facilitating communication among our Parton Lane neighbors. My deepest condolences go out to the Gomes family along with posthumous thanks to Mrs. Silva's walking buddy, our dearly departed neighbor Filomena Gomes. Thank you also to my kind and generous early readers, Michael Franklin and Ceylon Baginski. Thank you, Professor Charlie Hankin, for help with my initial Portuguese translation. I want to extend my great appreciation to poets Susan Dambroff, Dan Levinson, and David Holper for their encouragement and support. Thanks to my mentor, Professor John Heckel for helping me see that "the poet" is me. And finally, I can't thank Bruna Dantas Lobato enough for translating this poem into Portuguese, the beautiful language of Mrs. Silva and her family, so they can read it for themselves.

Portuguese translation by Bruna Dantas Lobato,

2023 Winner of the National Book Award for Translation

Publisher: Leah Huete de Maines
Editor: Christen Kincaid
Cover Art: Suzanne Paz
Author Photo: Matthew Bickford
Cover Design: Elizabeth Maines McCleavy

Order online: www.finishinglinepress.com
also available on amazon.com

Author inquiries and mail orders:
Finishing Line Press
PO Box 1626
Georgetown, Kentucky 40324
USA

Contents

Mrs. Silva Walks to the Azores...................... 2

A Sra. Silva Caminha para os Açores............ 3

*To my many beautiful neighbors and all the diasporas
that have brought us, with gratitude,
to this Wiyot land that shelters and inspires us,
acknowledging the American genocide
in hope of reparations and rematriation.*

*Aos meus muitos belos vizinhos e todas as diásporas
que nos trouxeram, com gratidão,
a esta terra Wiyot que nos acolhe e inspira,
reconhecendo o genocídio americano na esperança
de reparações e rematriação.*

Mrs. Silva Walks to the Azores

A Sra. Silva caminha para os Açores

1

She navigates the terror of the curb

between sidewalk and street. Mrs. Silva

has learned to walk the middle of the lane.

She makes her way, speeds and slows, starts and stops,

reroutes orders to worn legs which fight her—

calves like colts that rear, shy, stomp as she rides

the waves of palsy each non-rainy day,

avoiding curbs, sidewalks if she can.

The old concrete undulates with danger.

Dogs, their slippery shit, butts of drivewayed cars,

basketball stanchions, overgrown shrubs,

faulted root-ridges—all are daunting trials

to feet that cannot move as they once did;

a turned-ankle and fall a terminal

injury in these late days of life.

Vehicles may scare her, but Parton Lane

leads only to farms and pasture; traffic

is the wrong word for neighbors in cars, men

in pickups or bouncing on tractor seats.

1

Ela mede o terror do meio-fio

entre calçada e rua. A Sra. Silva

aprendeu a caminhar no meio da faixa.

Ela segue adiante, acelera e atenua, começa e para,

reordena ordens para pernas abatidas que lutam contra ela—

pernas como potros que levantam, tímidas, pisam e ela monta

ondas de parasilia todo dia não chuvoso,

evitando meio-fios, calçadas quando pode.

O concreto antigo ondula perigosamente.

Cachorros, merdas derrapantes, traseiros de carros esta-cionados,

cestas de basquete, mato grande,

raízes expostas—tudo é um desafio assustador

para os pés que não mexem como antes;

um tornozelo torcido e uma queda

uma lesão sem volta à essa fase de vida.

Veículos chegam a assustá-la, mas Paron Lane

apenas leva à fazendas e pastos; tráfego

é a palavra errada para os vizinhos dirigindo, homens

em caminhonetes ou balançando no assento dos tratores.

The road is wide and people in machines

seem to watch out for her—Mrs. Silva

gets an easy berth, sometimes a smile.

2

All along this straight stretch of street, across

from houses, sidewalks, lawns, and cars, a green

verge separates asphalt from alfalfa.

Beefy brood-mothers stretch fat, jowly necks

over and under electric ribbons,

scraping metal thorns to reap fresher fare,

patient with their calves who head-bump modest

udders to release their milky prize.

Castoff farm tools hide in the verdant strop,

so wild and lush beside the cow-cropped field.

Mr. Gomes' forsaken relics hold out

in the margin: a hay mower covered

with red crumbs of age; a fencepost bearded

by a rusted wreath of coiled barbed wire,

years melding strands into one russet mass;

four calcified tires rim rust-speckled wheels,

A pista é larga e as pessoas nas máquinas

parecem prestar atenção nela—Sra. Silva

tem um percursso fácil, às vezes um sorriso.

2

Ao longo de toda essa pista reta, em frente

casas, calçadas, gramados e carros, uma margem

verde separa o asfalto da alfafa.

Vacas mães de ninhada esticam pescoços gordos e fláci-dos

sobre e debaixo de laços elétricos, raspando em

espinhos metálicos para colher comida mais fresca,

pacientes com seus bezerros que batem com a cabeça

nas tetas singelas para liberar o prêmio em leite.

Ferramentas de fazenda descartadas escondidas na estro-paria

verdejante, tão selvagem e exuberante ao lado do campo pastado

pelas vacas. As relíquias abandonadas do Sr. Gomes re-sistem

às margem: um cortador de feno aberto coberto

de manchas vermelhas do tempo; um poste de cerca bar-budo

com um guirlanda de arame farpado enferrujado enrola-do,

anos fundindo os fios em uma massa acobreada;

quatro pneus calcificados em rodas salpicada de ferru-gem,

still axled to their fifth, dull-shiney black

with ancient grease, round and ready, a slot

and hole at center, like a diagram

of the radius of a circle.

Mr. Wild's mule trailer ghosts a gleam;

riveted aluminum on its way

to becoming a roadside revenant,

another emerald-enthroned ornament,

as he can no longer ramrod mule trains,

walking with a cane as he must now.

Roots and runners push through gravel, under

asphalt, out cracks. Some miraculous Saint

Augustine grass extends beyond the edge,

erupting through the dried-tar surface.

3

Once, when she walked the sidewalk, two years past,

struggling through to the end of the block,

the dim narrow space between the parked cars,

trucks, and looming hedges began to look

com um eixo, para uma quinta roda, redonda e pronta,

ainda preta brilhante com óleo antigo, um espaço

e buraco no meio, como um diagrama

do raio de um círculo.

A carroça do Sr. Wild assombra com brilho;

alumínio rebitado já para

virar um fantasma à beira da pista,

outro ornamento adornado em esmeralda,

já que ele não pode mais levar carroça de burros,

caminhando com bengala como deve agora.

Raízes e rizomos avançam pela brita,

sob asfalto, entre rachaduras. Algum mato milagroso

de São Agostinho cresçe para além da borda,

irrompendo através da superfície de alcatrão seco.

3

Uma vez, quando ela caminhou pela calçada, há dois anos,

lutando para chegar ao final do quarteirão,

o espaço estreito e escuro entre os carros estacionados,

caminhões e sebes imponentes pareciam

like a tunnel to the grave, cracked cement

rough, menacing. Mrs. Silva stopped.

She was taught as a girl: Walk to the side.

Out of traffic. In no one's way. Be safe.

Drawing breath, she turned, looked to the bright street,

felt the evil curb below, but took heart

in the pastures on the other side.

Peering left and right, she eased one foot down

to the dry gutter, patient, steady, still—

trusting in its sister to make the leap

to pavement, then holding firm, it balanced

her shifting weight as its mate swung forward.

Together they joined in halting steps.

Mrs. Silva swayed into the sunlight,

rheumy eyes on the sand-dune horizon.

Since then, she is seldom on the sidewalk;

taking the first driveway offramp, she walks

boldly, though unsteady, down the lane.

um túnel para o túmulo, cimento rachado

áspero, ameaçador. A Sra. Silva parou.

Ela foi ensinada quando menina: Caminhe pelos lados.

Fora do tráfego. No caminho de ninguém. Fique segura.

Tomando fôlego, ela se virou, olhou para a rua ilumina-da,

sentiu o meio-fio do mal abaixo,

mas tomou consolo com as pastagens do outro lado.

Olhando para a esquerda e para a direita, ela colocou

um pé na sarjeta com cuidado, paciente, constante, rígi-da—

confiando em seu par para saltar

até o asfalto. Então, mantendo-se firme, ela equilibrou o peso em

movimento enquanto o outro se balançava à frente.

Juntos, eles se encontraram em passos hesitantes.

A Sra. Silva balançava sob à luz do sol,

olhos remelentos no horizonte das dunas de areia.

Desde então, ela raramente está na calçada;

Tomando a primeira saída da entrada de carros,

ela caminha com bravura, embora insegura, pela faixa.

4

Mr. Silva went from fixing tractors

to taking care of other people's cars,

changing oil, doing brakes. He made the shift

by doing favors while he kept his jobs

on neighbors' dairy farms, taking money

gratefully, but making himself needed,

slowly enlarging his tool and skill sets

until his friends and family requested

estimates, becoming customers.

For generations beyond memory

both their families had been dairy farmers.

Neither parents nor their children, on green

shores that had become their home and heartland,

could move forward with the ways of old.

Azoreans came to the Redwood Coast

in a century of diaspora.

Close-knit before and through the post-war boom,

Portuguese people were isolated,

the remaining trickle of immigrants

4

O Sr. Silva passou de consertar tratores

para cuidar de carros alheios,

trocando óleo, ajeitando freios. Ele fez a transição

fazendo favores enquanto mantinha seus empregos

nas fazendas leiteiras dos vizinhos, aceitando o dinheiro

com gratidão, mas se tornando necessário, ampliando

lentamente seu conjunto de ferramentas e habilidades

até que seus amigos e familiares pediram

orçamentos, tornando-se clientes.

Por gerações além da memória

ambas famílias foram fazendeiras de laticínios.

Nem os pais, nem os filhos, nas terras

verdes que se tornaram seu lar e pátria,

poderiam continuar com o modo antigo de viver.

Açorianos vieram para a costa das sequoias

em um século de diáspora.

Unidos antes e durante o boom do pós-guerra,

os portugueses estavam isolados,

o restante dos pingados de imigrantes

from the home islands mostly drying up;

the Azores a long way from Humboldt.

5

Mrs. Silva was proud of her husband,

proud of their new home, her husband's business.

When they bought the house on the sidewalk-side

of Parton Lane at the north edge of town,

Mrs. Silva's sisters, brothers, and kin

still lived on scattered dairy ranches.

When Mr. Silva died, Mrs. Silva

wouldn't let her son and his wife move in,

held firm as if waiting for her husband

to come home from the hospital. They bought

her a treadmill and placed it to the side

in the garage with his tools, next to where

he'd parked his car, now driven by their son,

as if to hold space for his return.

On rainy frigid days I see her face,

earnest above the mill's imposing helm,

de suas ilhas originárias, na maior parte, na seca;

os Açores muito distantes de Humboldt.

5

A Sra. Silva tinha orgulho do marido,

orgulho da nova casa, dos negócios do marido.

Quando eles compraram a casa no lado da calçada

da Rua Parton no limite norte da cidade,

as irmãs, irmãos e família da Sra. Silva

ainda viviam em fazendas leiteiras dispersas.

Quando o Sr. Silva faleceu, a Sra. Silva

não deixou o filho e esposa se mudarem para a casa dela,

permaneceu firme como se estivesse esperando

o marido voltar do hospital. Eles compraram

uma esteira para ela e a colocaram no canto

da garagem com as ferramentas dele, ao lado de onde

ele estacionava seu carro, agora conduzido por seu filho,

como se reservasse espaço para seu retorno.

Em dias chuvosos e gélidos, vejo seu rosto,

sério acima do alto e largo painel da esteira,

hands at either side, steadying her gait,

like an aged professor holding forth,

dwarfed behind an oversized lectern, head

bobbing and nodding with her effort.

6

At the end of Parton Lane where street turns

into one-lane farm road, there grows a patch

of blackberries, vetch, and St. Augustine

where the gutters of the neighborhood drain

into the near reach of fields stretching

to the sand dunes that block the flood of sea,

keeping salt from the bottomland soil.

Each day, here at the midpoint of her walk

where the lane becomes rutted and brambles

claim the verge, she stops to remember how

to turn around, what negotiations

need to be made between her mind set on

horizons and her feet upon the ground.

This day will her legs rebel, refuse?

mãos nos dois lados, estabilizando seu andar,

como um professor idoso lecionando,

diminuído por detrás de um púlpito muito grande, sua cabeça

balançando e acenando com seu esforço.

6

No final da Parton Lane, onde a rua dá

em uma estrada barrenta de uma mão, há uns arbustos

de amoras, tremoço e grama São Agostinho.

Aqui, as valas do bairro escoam

para os campos próximos que se estendem

até as dunas de areia que bloqueiam as inundações do mar,

mantendo o sal longe do solo da planície.

Cada dia, aqui no meio de sua caminhada,

onde a rua se torna esburacada e arbustos

dominam as beiras, ela para pra lembrar

como que se dá meia volta, quais considerações

precisam ser feitas em sua mente, focada

nos horizontes e com os pés no chão.

Neste dia, suas pernas iriam rebelar, recusar?

Harder each time to move her thoughts from dunes

and the sea she hears on the other side,

groaning and hissing in the morning fog,

rumble-roar-crashing in afternoon wind;

she does not know what else might lie beyond

the shore, but her mind sees a place she feels

she knows—though she has never been—from blood

from stories, her bones, her voice and her name

and she wonders, Why turn around at all?

She lifts her eyes from ground to sky. The dune

horizon grows to a looming mountain

range above the sea, volcanic islands,

green slopes alive with people she once knew,

though she cannot remember their names.

7

Writing this very poem this morning

the doorbell rang in a way that told me

it wasn't FedEx; pressed barely enough

to buzz that first homey tone, the second

fizzled out. I saw her swarthy face through

the window and knew she would be holding

Cada vez mais difícil distanciar seus pensamentos das dunas

e do mar que ela ouve do outro lado,

gemendo e sibilando na névoa da manhã,

estrondo rugindo eclodindo em um vento vespertino;

Ela não sabe o que mais pode existir além

 da costa, mas sua mente vê um lugar que ela sente

que conhece—embora nunca tenha estado lá— do sangue dela

através de histórias, seus ossos, sua voz e seu nome

se perguntam, Por que se virar afinal? Ela levanta os olhos

do chão para o céu. A linha do horizonte das dunas

cresce até se tornar uma cadeia de montanhas

imponentes acima do mar, ilhas vulcânicas,

encostas verdes cintilantes com pessoas que ela conhecia antes,

embora ela não consiga lembrar seus nomes.

7

Escrevendo este poema de manhã cedo

a campainha tocou de um jeito que eu sabia que

não era a FedEx; pressionado apenas o suficiente

para soar o primeiro tom acolhedor, o segundo

fralhou. Eu vi seu rosto moreno pela

janela e soube que ela estaria carregando

the Sunday paper, plastic bagged, dripping

last night's rain. The local journal looked

as tomey as the New York Sunday Times

when she offered it up with the effort

of a bicep curl from her shrunken frame,

"Your paper," all she said in a time-worn,

high and reedy voice. Then, amid over-

effusive, probably condescending

thanks, she managed a six-step pirouette

on our tiny porch, and eased one sneakered

foot off the stoop, followed by the other.

Waiting a beat while I asked her weakly

and too late about help she did not need,

she toddled down our walkway, musical

dismissals of my thanks diminishing,

and continued walking down the lane.

Who am I, this watcher? Mrs. Silva's

inner life—her life at all—is not my

business. But, I see her most every day,

and find I'm anxious any day I don't.

You are my hero, Mrs. Silva, yet

o jornal de domingo, em saco plástico, pingando

a chuva da noite passada. O jornal local parecia

tão pesado quanto o New York Sunday Times

quando ela o ofereceu com o esforço

de uma flexão de bíceps de sua figura encolhida,

"Seu jornal", foi tudo o que ela disse com uma

voz fina e cansada. Então, no meio de agradecimentos

excessivamente efusivos e provavelmente condescenden-tes,

ela deu uma pirueta de quase dois metros

na nossa pequena varanda, e desceu um pé

calçado de tênis no degrau, seguido pelo outro.

Esperando um momento enquanto eu perguntava a ela fraca

e tardiamente sobre ajuda que ela não precisava,

ela cambaleou pela nossa calçada, despedidas musicais

dos meus agradecimentos diminuindo,

e continuou caminhando pela rua.

Quem sou eu, esse observador? A vida íntima

da Sra. Silva—sua vida de como um todo—não é da

minha conta. Mas eu a vejo quase todos os dias,

e sinto ansiedade em qualquer dia que não a vejo.

Você é minha heroína, Sra. Silva, mas que

what right have I to presume your thoughts?

8

Tony Gomes' son has tightened the fence wire,

replacing lines first strung by grandfathers.

His mother, now a widow, often joins

Mrs. Silva in her daily amble

to the wild at the end of the block.

They start side by side in the street between

their houses. Pink, blue, white, and green children

of the Azores, Mrs. Gomes' hydrangeas,

trimmed and dead-headed, frame their starting place.

Feed barns, milking parlors, and veal pens,

surround the Gomes farmhouse, the Silva tract

house in a sea of lava-rock islands.

They chat in soft, familiar Portuguese

about chickens, children, and family.

The wizened pair soon detach in silence,

Mrs. Gomes wisely giving her neighbor

room to start and stall, to veer and waver

without fear of collisions and falls.

direito eu tenho de presumir seus pensamentos?

8

O filho de Tony Gomes apertou o arame da cerca,

substituindo os arames que foram esticadas pelos avós.

Sua mãe, agora viúva, frequentemente encontra com

a Sra. Silva em sua caminhada diária

até o mato, ao final do quarteirão.

Eles começam lado a lado na rua entre

suas casas. Crianças rosas, azuis, brancas e verdes

dos Açores, hortênsias da Sra. Gomes,

podadas e despetaladas, emolduram seu ponto de partida.

Celeiros de alimentação, salas de ordenha e currais de vi-tela,

cercam a fazenda Gomes, a casa do terreno Silva

em um mar de ilhas de rocha vulcânica.

Eles conversam em português suave e familiar

sobre galinhas, crianças e família.

par enrugado logo se separa em silêncio,

a Sra. Gomes sabiamente dando espaço

à sua vizinha para começar e hesitar, desviar-se e vacilar

sem medo de trombar e cair.

Since Mr. Silva died, Mrs. Silva's

younger brother picks her up on Sundays

to attend Mass with him at Saint Mary's.

He often stays the afternoon and goes

with her on walks. He lets her lead the way,

and seems to take his time, eyes kept on her;

sure she'll fall, *queda fatal*, on his watch.

Close, but each alone, they do not speak.

Impatient in her kitchen swallowing

pills and liquid breakfast, Mrs. Silva

honors her husband with a ritual

that gets her out and going. Rummaging

through tools and papers he left strewn about

his workbench, she picks whatever small thing

catches her eye or holds a memory

to take into her hands, bring to her breast

and feel his presence, remember his scent,

imagine it can yet be taken in,

his hand still held to warm her own, his strength

still felt embracing her body, then tucks

this token of his soul into her sweats:

Desde a morte do Sr. Silva, o irmão mais novo

da Sra. Silva a leva aos domingos

para assistir à missa com ele na Igreja de Santa Maria.

Ele frequentemente passa a tarde e vai

caminhar com ela. Ele deixa ela guiar o caminho,

e parece ir devagar, olhos fixos nela;

certo de que ela vai cair, *a fatal fall,* sob sua guarda.

Próximos, mas cada um sozinho, não se falam.

Impaciente em sua cozinha, engolindo

pílulas e café, a Sra. Silva

presta homenagem ao marido com um ritual

que a motiva a sair e a seguir em frente. Revirando

ferramentas e papéis que ele deixou espalhados

em sua bancada de trabalho, ela escolhe qualquer peque-na

coisa que chame sua atenção ou carregue uma lembrança

para segurar em suas mãos, trazer ao peito

e sentir sua presença, lembrar seu cheiro,

imaginar que ainda pode ser sentido,

sua mão ainda segurando para aquecer a sua própria, sua força

ainda sentida abraçando seu corpo, então ela guarda

esse símbolo de sua alma em seu agasalho:

it lifts her, carries her, gives her the will,

to walk in pain again the distance.

9

I fear others see her as a zombie:

bleary eyes running tears, a string of drool

below her chin on late cold laps. Her arms,

moving with their own non-rhythm, don't swing

but flail or hang in penitence for crimes

never committed, head atremble, mouth

limp around a gash of urgent breath.

Not zombie, but zenith. Beyond her death

I know is coming soon—mine soon enough

thereafter, all to follow, all to fall,

all struggling toward the dune horizon,

sea beyond, seeking the source, not shelter

that dims the widening view, but the grace

of our ancestors' monuments to life—

though I feel her end as I feel my own,

I quake in awe, not fear. Her courage leads

me on each day and I fear only those

levanta-o, carrega-o, dá-lhe a vontade

de caminhar novamente à distância com dor.

9

Eu temo que os outros a vejam como um zumbi:

olhos turvos derramando lágrimas, um fio de saliva

escorrendo abaixo do queixo em tardes frias. Seus bra-ços,

movendo-se com seu próprio ritmo desordenado, não ba-lançam

mas se debatem ou ficam pendurados em penitência por crimes

nunca cometidos, cabeça trêmula, boca mole

encobrindo uma brecha de respiração urgente.

Não zumbi, mas zênite. Além de sua morte

que eu sei que está chegando em breve—a minha logo

depois, todos a seguir, todos a cair,

todos lutando em direção ao horizonte das dunas,

mar além, buscando a fonte, não abrigo

que diminui a visão ampliada, mas a graça

dos monumentos dos nossos ancestrais à vida—

embora sinta o fim dela como sinto o meu próprio,

estremeço em reverência, não em medo. Uma coragem

me guia todos os dias e temo apenas os dias

when she no longer walks the block, for in

that gloaming what vision then is left?

I want to shout to all who may see her

in her struggle that it's all of us she

works to save, our lives are nothing without

the struggles of those who have come before,

who will go before, who show us the way

to the end of the block, to the wild.

In these words I say what I could never

shout to neighbors, peers, or passing strangers;

Mrs. Silva's will rises over all,

the primal will to take another breath,

another step, to bear the weight, the will

of love to last beyond the grave, the will

of life to transcend the here and now.

10

So she rises above the bottomland,

cattle in their artificial meadows,

above the dunes, above the shore beyond,

em que ela não mais caminha pelo quarteirão, pois na-quela

penumbra, que visão permanecerá?

Quero gritar para todos que possam vê-la

em sua luta, que é por todos nós que ela

trabalha para salvar, nossas vidas não são nada sem

as lutas daqueles que vieram antes,

que partirão antes, que mostram o caminho

até o fim do quarteirão, até o mato.

Nestas palavras, digo o que nunca poderia gritar

aos vizinhos, colegas ou estranhos que passam;

A vontade da Sra. Silva se eleva acima de tudo,

a vontade primal de tomar mais um fôlego,

mais um passo, suportar o peso, a vontade

do amor de durar além do túmulo, a vontade

da vida de transcender o aqui e agora.

10

Assim, ela sobressaía às terras baixas,

do gado em seus prados artificiais,

acima das dunas, além da costa,

and sees what is and what has ever been:

the world, now new, all life in light renewed,

her body as a newborn held aloft

by hands her own and arms withal that reach

horizons, strong on legs that stride the sky,

skin awash, aglow with heat infused

into and from her leaping heart. Yet,

still she walks. Her steps now leagues, longitudes,

the mountains like the pebbles of the lane,

oceans puddles scattered under naked

feet that sweep past one another, like storms

spinning in separate hemispheres, her strides

mighty pendulums of time epochal,

each foot arcing, apex attained to pause

among the clouds, before it swings down

to plant itself—a tree of life, a stalk

of living earth—as its mate flies by free

to open space. She strides the azure seas,

the continents, island jewels, their lava-

red reflected in her fiery eyes.

e enxerga o que é e o que sempre foi:

o mundo, agora novo, toda uma vida renovada na luz,

seu corpo como um recém-nascido sustentado-se ao alto

por seus próprios braços estendidos que alcançam

horizontes, fortes em pernas que caminham pelos céus.

pele banhada, radiante de calor infundido

dentro e a partir de seu coração animado. Contudo,

ainda assim ela caminha. Passos são léguas,

longitudes, as montanhas como seixos da rua,

oceanos poças espalhadas sob pés nus

que se cruzam, como tempestades

girando em hemisférios separados, suas passadas

pêndulas poderosas de uma era,

cada pé arqueando, atingindo o ápice para pausar

entre as nuvens, antes de balançar para baixo

para se firmar—uma árvore da vida, um caule

de terra viva—enquanto seu par voa livremente

para o espaço aberto. Ela atravessa os mares azuis.

os continentes, joias insulares, seu vermelho lava

refletido em seus olhos flamejantes.

She lingers over the homes of children's

children's children, of her parents' parents'

parents—over all of us—her hero's

journey not one of any single man,

but generational, generative,

generous in scope, above and of us

all, within/outside our/her time to be

the time of times, her history epic

beyond the telling of her life, the tale

of everyman/woman, every child,

seed and womb of every life. She rises

free of palsied pain, of past perdition

free of faction, free of friction, free of

faith and fact—a force unto all our selves,

a reckoning to reconnect the realms

of earth, of darkness and of light unseen,

yet felt and known through continents of life.

Mrs. Silva. Mrs. Silva risen.

Mrs. Silva stands astride the world.

Ela contempla as casas dos filhos

dos filhos dos filhos, dos pais dos pais

dos pais—sobre todos nós— sua jornada

heroica não é a de uma única pessoa,

mas geracional, generativa, generosa

em escopo, acima e sobre todos nós.

dentro/fora do nosso/dela tempo para ser

o tempo dos tempos, sua história épica

além da narrativa de sua vida, o conto

de todo homem/mulher, toda criança,

semente e útero de toda vida. Ela se levanta

livre da dor trêmula, da perdição passada

livre de facções, livre de atritos, livre

da fé e do fato—uma força para todos nós,

uma contagem regressiva para reconectar os reinos

da terra, da escuridão e da luz invisível,

mas sentida e conhecida através de continentes de vida.

Sra. Silva. Sra. Silva erguida.

Sra. Silva ergue-se triunfante sobre o mundo.

Michael Bickford was born in Los Angeles, California, and escaped north eighteen years later. After an extensive street education, he graduated with a BA and a teaching credential from San Francisco State University. In 1990, he moved from San Francisco, with his wife/life-partner, Deborah Watson, and their two children, to the unceded land of the Wiyot people on California's Redwood Coast. He and his family are grateful and privileged to have been welcomed there.

Mr. Bickford taught in California public schools for 35 years—at Mission High School and Presidio Middle School in San Francisco, and at Winship and Zane Middle Schools, and Eureka High School in Eureka.

Michael is a fellow of the Redwood Writing Project of Cal Poly Humboldt and a founding member of Lost Coast Writers Community, Inc. He writes poetry and fiction in Arcata, California. His work has appeared in Humboldt State's *Toyon literature journal, Abandoned Mine, Fauxmoir, Seven Gill Shark Review, Ink People Center for the Arts, The North Coast Journal, Behind the Mask: 40 Humboldt Poets on the Pandemic, The /tEmz/ Review,* and *Neologism Poetry Review*. In 2023, Michael Bickford wrote, staged, and performed the one-act play, Ali, Cosell, My Dad, and Me for the Short Play Festival at Exit Theater in Arcata.

Mrs. Silva Walks to the Azores, is dedicated to the everyday heroism of women everywhere.

www.ingramcontent.com/pod-product-compliance
Lightning Source LLC
Chambersburg PA
CBHW022044080426
42734CB00009B/1228